I0071401

DISCOURS SUR LES TRAVAUX

DE LA

FACULTÉ DE DROIT DE NANCY

DE 1864 A 1879

Par M. LEDERLIN

DOYEN DE LA FACULTÉ

NANCY

IMPRIMERIE BERGER-LEVRAULT ET Cie

11, RUE JEAN-LAMOUR, 11

—

1881

DISCOURS SUR LES TRAVAUX

DE LA

FACULTÉ DE DROIT DE NANCY

DE 1864 A 1879

Par M. LEDERLIN

DOYEN DE LA FACULTÉ

NANCY

IMPRIMERIE BERGER-LEVRAULT ET Cie

11, RUE JEAN-LAMOUR, 11

—

1881

DISCOURS

SUR LES

TRAVAUX DE LA FACULTÉ DE DROIT DE NANCY

DE 1864 A 1879

MONSIEUR LE RECTEUR,

MESSIEURS,

Les établissements d'instruction publique vous doivent, en vertu de leur institution même, le compte sincère de leurs travaux, de leurs efforts, des résultats qu'ils ont obtenus ; cette obligation s'impose à eux avec d'autant plus d'énergie qu'ils ont recueilli, soit à leur origine, soit dans le cours de leur existence, de plus nombreux, de plus éclatants témoignages de la sympathie et de la faveur publiques. Rétablie en 1864, à la demande instante des Départements et des Villes de l'ancienne Lorraine, grâce surtout au généreux concours de la Ville de Nancy, qui a assuré sa marche et lui a permis d'élargir et de fortifier son enseignement ; encouragée par les libéralités des Conseils généraux, qui l'ont mise à même d'instituer dès le début des concours annuels entre tous ses élèves ; accueillie avec la plus vive sympathie par la Magistrature, le Barreau et tout ce que cette ville et cette province comptent d'hommes voués au culte des sciences, des lettres et des arts ; soutenue par le concours fraternel des autres Facultés de cette Académie ; honorée enfin de l'appui des familles, qui lui ont confié l'instruction de leurs enfants, la Faculté de Droit de Nancy a eu, plus qu'aucune autre peut-être, à se louer de la faveur qui lui a été témoignée de toutes parts. Elle y a répondu par son dévouement inaltérable au devoir, par le vivant intérêt qu'elle n'a cessé d'apporter aux études et aux progrès de ses élèves, par ses constants efforts à établir et à maintenir dans son sein de fortes traditions d'enseignement et de discipline : les rapports annuels lus dans nos séances de rentrée en font foi.

Je voudrais aujourd'hui vous prier de jeter avec moi un regard d'ensemble sur un plus long intervalle de temps, en recherchant ce qui a été accompli dans cette Faculté pendant les quinze premières années de son existence nouvelle. J'ai pensé que ce serait encore répondre à la bienveillance dont vous lui avez donné tant de preuves que de vous rappeler, en les résumant, ses travaux, et, je puis le dire aussi, ses succès, dans ces quinze années qui ont marqué ses débuts et préparé son avenir. Ce sera pour moi une tâche également agréable et facile. Il me sera doux de vous redire tout ce qu'ont fait pour elle le chef éminent qui a organisé la Faculté et présidé à ses travaux pendant cette période si décisive pour son avenir et son existence même, ceux qui ont concouru avec lui à la fondation de notre École et à l'établissement de ses traditions, ceux enfin qui sont venus depuis apporter leur pierre à l'édifice. N'ayant été associé à ses travaux que dans les dernières années, j'aurai la satisfaction de n'avoir point à vous parler de moi-même, si ce n'est pour remercier encore mes collègues de leur sympathique et fraternel accueil, et renouveler devant vous l'assurance de mon entier dévouement à notre œuvre commune.

Dans ces quinze années, l'enseignement de la Faculté a été constitué d'abord, puis développé par la création de plusieurs chaires nouvelles et de cours spéciaux et permanents de Doctorat. Douze à treize cents élèves ont fréquenté ses cours ; la majeure partie les a suivis en vue de la Licence ; d'autres, en nombre respectable, se sont présentés aux épreuves du Doctorat, d'autres enfin n'ont demandé que le certificat de capacité pour les fonctions d'avoué ([1]). Au concours général annuel des Facultés de Droit de France, huit élèves de la Faculté de Nancy ont remporté deux prix et six mentions honorables. Depuis 1870, dix de ses docteurs, préparés par elle dans une conférence spéciale, sont sortis vainqueurs des luttes de l'agrégation ; neuf d'entre eux ont pris rang parmi ses professeurs et ses agrégés. Enfin, dans le ressort de la Cour de Nancy, la magistrature, le barreau, les offices ministériels se recrutent aujourd'hui presque exclusivement parmi les anciens élèves de la Faculté de Nancy ; la magistrature d'autres ressorts, les conseils de préfecture, l'administration préfectorale lui en ont emprunté un grand nombre.

Le décret du 9 janvier 1864, portant rétablissement d'une Faculté de Droit dans la ville de Nancy, y institua dès l'origine un enseignement complet à tous les degrés, d'après les principes qui déterminaient alors la composition normale des Facultés de Droit des départements ([2]) ; cinq professeurs titulaires et trois agrégés furent chargés de le distribuer aux

(1) Le nombre total des inscriptions trimestrielles prises à la Faculté de Droit de Nancy, de 1864 à 1870, a été de 8,930 ; il représente pour cette période une moyenne d'environ 150 inscriptions (exactement 148,83) par trimestre, la moyenne a été de 109 3/4 en 1864-1865 ; elle s'est élevée à 180 1/4 en 1869-1870. Le nombre moyen des étudiants qui ont pris des inscriptions ou passé des examens a été de 200 par année scolaire ; il était de 186 en 1864-1865, et a atteint 239 en 1872-1873. Dans la même période de 1864 à 1869, la Faculté a admis 428 licenciés, 76 docteurs et délivré 80 certificats de capacité.

(2) Aux termes du décret du 9 janvier 1864 (art. 1er), la Faculté de Droit de Nancy comprenait sept chaires, savoir : trois chaires de Code civil, une chaire de Droit romain, une chaire de Procédure civile et Législation criminelle, une chaire de Droit commercial, une chaire de Droit administratif. Nancy devait avoir de plus un second cours de Droit romain, par application de l'arrêté ministériel du 4 février 1853, qui assigne à cet enseignement une durée de deux années.

élèves qui ne tardèrent pas à affluer, soit de Nancy même et des départements du ressort académique, soit d'autres parties de la France.

M. JALABERT fut nommé professeur titulaire de la première chaire de *Code civil* ([1]) et Doyen ([2]) de la Faculté. Jeune encore, il avait déjà parcouru une longue et brillante carrière. A Aix d'abord, puis à Grenoble, il avait formé de nombreux élèves ([3]). En même temps qu'il leur donnait l'interprétation la plus exacte et la plus sûre de nos textes législatifs, il s'efforçait de développer en eux le respect et l'amour de la loi, le sentiment du devoir. Il rouvrait pour la sixième fois son cours triennal, lorsqu'il fut appelé à occuper dans la Faculté de Paris une chaire nouvellement créée de Droit constitutionnel ([4]).

Dans les graves et délicates fonctions de l'administration, dont ses éminentes qualités semblaient encore rehausser l'éclat, il communiquait à ses collègues son ardent amour du bien public, son dévouement à la science, sa foi profonde dans leur œuvre commune. Sur sa proposition, la Faculté délibérait les réglements intérieurs relatifs à l'organisation des cours et à la discipline de l'École, et provoquait de la part des autorités compétentes les améliorations désirables. Rien de ce qui pouvait élever le niveau des études, fortifier et développer l'enseignement, assurer et accroître la prospérité de la Fa-

(1) Décret du 14 avril 1864.

(2) Arrêté du 16 avril 1864.

(3) Avant sa nomination à Nancy, M. JALABERT avait été successivement suppléant provisoire à la Faculté de Droit d'Aix, du 12 octobre 1846 au 12 mai 1852 ; — professeur suppléant à la même Faculté du 13 mai 1852 au 27 novembre 1856 ; — chargé du cours de Droit romain à la même Faculté, en 1855-1856 ; — chargé d'un cours de Code civil à la Faculté de Droit de Grenoble, de 1856 à 1857 ; — professeur de Code civil à la même Faculté, du 28 novembre 1857. — Officier d'Académie, du 12 juin 1856 ; — Officier de l'Instruction publique, du 29 décembre 1862. — M. JALABERT a été nommé chevalier de la Légion d'honneur, le 22 décembre 1866.

(4) Décret du 31 décembre 1879. — M JALABERT a été remplacé dans sa chaire de Code civil, par M. Paul LOMBARD, agrégé de la Faculté, qui a été d'abord chargé du cours par arrêté du 16 janvier 1880, puis nommé professeur titulaire avec dispense d'âge, par décret du 3 juillet 1880. — M. LEDERLIN, professeur de Droit romain, a été nommé doyen, par arrêté du 10 janvier 1880.

culté, n'échappait à sa vigilante attention, à sa constante sollicitude. Il ne lui suffisait pas d'établir entre ses collègues et lui une collaboration active et féconde ; par la chaleureuse affection qu'il témoignait à chacun d'eux, par l'ascendant de son caractère élevé et sympathique, il les avait groupés autour de lui comme une famille étroitement unie et solidaire. Nous avons été unanimes à désirer que ces liens ne fussent pas rompus, et que, tout en nous quittant, M. JALABERT continuât à nous appartenir, autant du moins que cela était encore possible ; le premier acte de son successeur devait être de provoquer l'expression de ce vœu (¹) ; M. le Recteur de l'Académie s'y est associé avec le plus gracieux empressement ; M. le Ministre de l'Instruction publique y a répondu en nommant M. JALABERT, Doyen honoraire de la Faculté de Droit de Nancy (²).

Les deux autres chaires de *Code civil* furent confiées à MM. ARNAULT DE LA MÉNARDIÈRE et VAUGEOIS (³). Le premier avait appartenu, depuis 1857, comme suppléant provisoire et comme agrégé, aux Facultés de Rennes et de Poitiers (⁴). Le second avait enseigné pendant deux ans, à Grenoble, le Droit commercial et la Procédure civile (⁵). Avec des qualités diverses, ils étaient animés d'un même zèle pour leur tâche et pour le bien de la Faculté. Esprit spéculatif et généralisateur, l'un se plaisait à l'exposition dogmatique de nos lois et des principes supérieurs qui les dominent ; l'autre préférait l'exégèse, et n'abandonnait pas un sujet, sans en

---

(1) Délibération de la Faculté, du 16 janvier 1880.

(2) Arrêté du 28 janvier 1880.

(3) Décret du 18 juin 1864.

(4) M. ARNAULT DE LA MÉNARDIÈRE : 7 novembre 1857, suppléant provisoire à la Faculté de Droit de Rennes ; — 2 février 1859, agrégé des Facultés de Droit ; — 12 février 1859, attaché en qualité d'agrégé à la Faculté de Rennes ; — 4 novembre 1859, attaché en la même qualité à la Faculté de Poitiers.

(5) M. VAUGEOIS : 9 février 1862, agrégé des Facultés de Droit ; — 27 janvier 1862, attaché en cette qualité à la Faculté de Grenoble ; — 23 janvier 1863, chargé du cours de Droit commercial à ladite Faculté ; — 19 octobre 1863, chargé, à la même Faculté, du cours de Procédure civile et Législation criminelle.

avoir poursuivi l'analyse jusque dans ses moindres détails. Ils nous ont quittés, l'un pour Poitiers (¹), l'autre pour Caen (²), retournant ainsi dans leurs provinces natales, où les rappelaient avant toutes choses les devoirs de la piété filiale. L'absence n'a pas affaibli nos sentiments de mutuelle affection.

Trois agrégés, dont nous devions bientôt aussi regretter le départ (³), furent successivement chargés du cours que M. DE LA MÉNARDIÈRE laissait vacant. M. LYON-CAEN, le premier élu du concours de 1867, dont nous connaissions déjà le zèle infatigable et la rare puissance de travail, y donna pendant deux ans un enseignement substantiel et fort apprécié (⁴). Après lui, M. CAUWÈS, son émule et son ami, y déployait toutes les ressources d'un esprit fin et délicat, d'une raison droite, d'une parole élégante et précise (⁵). Une collaboration active, dévouée, intelligente, nous a été apportée ensuite par M. CHOBERT (⁶). Enfin, après en avoir exercé pendant un an la suppléance (⁷), M. BLONDEL fut nommé titulaire de la chaire (⁸).

D'un autre côté, la troisième chaire de Code civil fut attri-

(1) Par décret du 8 décembre 1869, M. ARNAULT DE LA MÉNARDIÈRE, professeur de Code civil à la Faculté de Droit de Nancy, a été nommé en la même qualité à la Faculté de Droit de Poitiers.

(2) Par décret du 9 novembre 1875, M. VAUGEOIS, a été nommé professeur de Droit criminel à la Faculté de Caen.

(3) MM. LYON-CAEN et CAUWÈS, nommés au premier et au second rang au concours de 1867, ont été attachés à la Faculté de Nancy, par arrêté du 24 juillet de la même année : ils ont été transférés, en la même qualité, à la Faculté de Droit de Paris, l'un par arrêté du 5 mars 1872, l'autre par arrêté du 30 juin 1873. — A la suite du concours où il avait obtenu le troisième rang, M. CHOBERT a été attaché à la Faculté de Droit de Nancy, par arrêté du 2 juin 1870 ; il est devenu, en octobre 1875, professeur à la Faculté libre de Droit de Paris.

(4) M. LYON-CAEN a été chargé du cours de Code civil par arrêté du 19 janvier 1870.

(5) Par arrêté du 6 novembre 1872, M. CAUWÈS a été chargé du cours de Code civil, en remplacement de M. LYON-CAEN.

(6) Un arrêté du 12 septembre 1873 a chargé M. CHOBERT du cours de Code civil, en remplacement de M. CAUWÈS.

(7) Arrêté du 25 novembre 1875, chargeant M. BLONDEL du cours de Code civil, en remplacement de M. CHOBERT.

(8) Décret du 29 juillet 1876.

buée définitivement à M. BINET ([1]), qui l'avait occupée comme chargé de cours depuis le départ de M. VAUGEOIS ([2]).

M. BINET avait fait toutes ses études à la Faculté de Nancy ; M. BLONDEL était l'un de ses premiers docteurs. En 1870, peu après avoir été admis à ce grade, l'un et l'autre avaient été délégués temporairement dans une de nos chaires ([3]). Agrégés, ils avaient été chargés successivement de divers enseignements; ils avaient fait toutes leurs preuves ; nous sommes heureux d'avoir pu conserver parmi nous deux professeurs aussi distingués, deux collègues aussi sympathiques.

Dans la chaire de *Procédure civile et de Législation criminelle* montait un magistrat, qui avait rempli avec distinction pendant seize ans les fonctions du ministère public, et consacré à la science d'intéressants travaux ([4]). M. PARINGAULT ne devait toutefois y rester que peu de temps. Après une année d'un enseignement consciencieux et avant tout pratique, il se retira à Paris, tout en demeurant attaché à la Faculté par le lien de l'honorariat ([5]). La mort l'y a frappé, le 20 décembre 1872. En son remplacement, une délégation, trop courte au gré de ses collègues de Nancy, leur assurait pendant deux ans le concours d'un agrégé aussi distingué par le cœur que par l'esprit, M. ARNAULT ([6]). Deux autres agrégés, M. CAUWÈS et M. CHOBERT, et momentanément, deux de nos

(1) Décret du 20 juillet 1877.
(2) Par arrêté du 25 novembre 1875, M. BINET a été chargé du cours de Code civil.
(3) MM. BLONDEL et BINET ont été successivement délégués dans la chaire de Procédure civile et de Législation criminelle par deux arrêtés de M. le Recteur, des 18 décembre 1869 et 10 mars 1870.
(4) Par décret du 18 juin 1864, M. PARINGAULT a été nommé professeur de Procédure civile et de Législation criminelle à la Faculté de Droit de Nancy. Il a été nommé chevalier de la Légion d'honneur le 12 août suivant.
(5) Par décret du 10 octobre 1865, M. PARINGAULT a été nommé professeur honoraire à la Faculté de Droit de Nancy.
(6) Par arrêté du 30 septembre 1865, M. ARNAULT, agrégé, attaché temporairement à la Faculté de Droit de Toulouse, a été chargé du cours de Procédure civile et de Législation criminelle à la Faculté de Nancy, en remplacement de M. PARINGAULT. Par arrêté du 22 juillet 1867, M. ARNAULT a été attaché comme agrégé à la Faculté de Toulouse, où il est aujourd'hui professeur d'Économie politique.

jeunes docteurs, MM. BLONDEL et BINET, ont conservé cette suppléance, jusqu'au moment où la chaire, affectée par une décision nouvelle au seul enseignement de la *Procédure civile*, a pu être pourvue définitivement (¹).

Les deux chaires de *Droit commercial* et de *Droit administratif* ne devaient pas être soumises aux mêmes vicissitudes, ni être pour nous l'occasion de pareils regrets.

M. LOMBARD occupe depuis 1864 la chaire de *Droit commercial* (²). A une profonde connaissance de nos lois s'allie chez lui une grande expérience des affaires : le soin qu'il met à tenir ses élèves au courant de tous les progrès de la doctrine, et des décisions de la jurisprudence, contrôlées par une sévère critique, donne à son enseignement une autorité particulière.

Confié pendant la première année à un agrégé de Toulouse, M. CASSIN, délégué à Nancy (³), et qui y a laissé les meilleurs souvenirs, l'enseignement du *Droit administratif* a eu, depuis lors, pour titulaire M. LIÉGEOIS (⁴). Une pratique déjà longue des affaires administratives, jointe à de sérieuses études sur toutes les branches de notre législation, et à une connaissance spéciale de l'économie politique, l'indiquait pour cette chaire difficile à remplir et dans laquelle il a acquis les meilleurs titres à l'estime des jurisconsultes.

Pour occuper provisoirement la chaire de *Droit romain*, Paris prêtait à Nancy un de ses agrégés, M. GÉRARDIN (⁵),

(1) M. CAUWÈS et M. CHOBERT ont été successivement chargés du cours de Procédure civile et de Législation criminelle, par deux arrêtés ministériels du 14 septembre 1867, et du 11 juillet 1870. MM. BLONDEL et BINET y ont été délégués temporairement par M. le Recteur, suivant ses deux arrêtés des 18 décembre 1869 et 10 mars 1870.

(2) M. LOMBARD (Adolphe) a été nommé professeur de Droit commercial, par décret du 18 juin 1864.

(3) Arrêté du 26 septembre 1864.

(4) Décret du 19 octobre 1865. Par arrêté du même jour, M. CASSIN a été attaché, en qualité d'agrégé, à la Faculté de Droit de Paris.

(5) Par arrêté du 26 septembre 1864, M. GÉRARDIN, agrégé près la Faculté de Droit de Paris, a été délégué dans la chaire de Droit romain à la Faculté de Droit de Nancy. — M. JARDIN, agrégé, avait été d'abord appelé à ces fonctions, par arrêté du 20 juin 1864 ; il ne les a pas occupées, et a quitté l'enseignement pour la magistrature.

nommé le premier en 1864, tandis que le second cours était remis à un autre agrégé du même concours, M. DESJARDINS (¹). Ils ne devaient que passer parmi nous, laissant à tous ceux qui les ont connus le souvenir d'un enseignement excellent et des plus cordiales relations. M. GLASSON prenait la place de M. GÉRARDIN (²); nous ne devions pas le conserver davantage; son rang de concours (il avait été élu le premier en 1865) le désignait pour la capitale, où il a poursuivi avec un constant succès une carrière brillamment inaugurée à Nancy (³). D'un autre côté, M. DUBOIS succédait à M. DESJARDINS; élu comme lui du concours de 1864, il avait été d'abord attaché à la Faculté de Grenoble (⁴); chargé de cours à Nancy, en 1865 (⁵), il a été, deux ans après, nommé titulaire (⁶). Depuis quinze ans qu'il nous appartient, il nous a donné tous les jours des preuves nouvelles de l'étendue et de la variété de ses connaissances, de sa passion pour l'étude, de son aptitude pour l'enseignement : nul ne pouvait occuper plus dignement notre première chaire de Droit romain. Dans le second cours, érigé en chaire en 1871, nos agrégés rivalisaient de zèle et de talent. MM. LYON-CAEN (⁷), CAUWÈS (⁸), CHOBERT (⁹), BLONDEL (¹⁰), GARNIER (¹¹), en ont été successivement chargés, et ont été appelés depuis à d'autres enseignements; M. MAY le donne depuis trois ans (¹²), avec beaucoup d'autorité et une érudition qui grandit de jour en jour.

(1) Arrêté du 20 juin 1864. M. DESJARDINS a été attaché à la Faculté de Droit de Paris par arrêté du 7 septembre 1865.

(2) Arrêté du 15 juin 1865.

(3) Par arrêté du 22 juillet 1867, M. GLASSON a été attaché à la Faculté de Droit de Paris, où il a été, par décret du 1er juillet 1878, nommé professeur titulaire.

(4) M. DUBOIS a été institué agrégé le 21 avril 1864. Précédemment, il avait été attaché à la Faculté de Droit de Strasbourg, du 26 décembre 1860 au 31 octobre 1861, et du 22 décembre 1862 au 21 avril 1864. Il y a donné un cours d'Introduction générale à l'étude de droit.

(5) Arrêté du 30 septembre 1865.

(6) Décret du 9 décembre 1867.

(7) Arrêté du 14 septembre 1867.

(8) Arrêté du 19 janvier 1870.

(9) Arrêté du 7 novembre 1872.

(10) Arrêté du 12 septembre 1873.

(11) Arrêté du 25 novembre 1875.

(12) Arrêté du 17 août 1877.

Le titulaire de la chaire ([1]) n'est pas pour cela demeuré inactif; il a continué, d'après le vœu de la Faculté, et avec l'autorisation de l'Administration supérieure, le cours de *Pandectes,* ou de *Droit romain approfondi,* créé en 1871 pour les aspirants au Doctorat.

L'enseignement du Droit romain était complété par des *Conférences de Pandectes* ([2]), données avec autant de talent que de succès par MM. DESJARDINS ([3]), GLASSON ([4]), DU-BOIS ([5]), LYON-CAEN ([6]) et CAUWÈS ([7]).

Enfin, des *conférences* spéciales, consacrées, sous la direction des agrégés, à la révision des matières des cours et à la préparation aux examens, réunissaient les élèves des diverses années qui demandaient à y prendre part ([8]).

Avec les huit cours réglementaires et les conférences dont je viens de parler, l'instruction donnée par la Faculté de Nancy répondait à toutes les exigences des programmes officiels; à de très-rares exceptions près, elle n'avait rien à envier, au point de vue du nombre et de la variété des enseignements, à aucune autre Faculté des départements ([9]). Mais sa légitime ambition, son ardent désir de remplir sa mission dans toute son étendue n'auraient point été satisfaits, s'il ne lui eût été permis de faire mieux encore, en offrant à ses élèves des cours spéciaux et permanents pour la préparation

(1) M. LEDERLIN, nommé par décret du 10 décembre 1871.
(2) Ces conférences étaient instituées en exécution de l'arrêté ministériel du 4 février 1853, art. 5.
(3) En 1864-1865.
(4) En 1865-1866.
(5) En 1866-1867 ; 1868-1869 et 1869-1870.
(6) En 1867-1868.
(7) En 1870-1871.
(8) Ces conférences, prévues à l'article 2 du décret du 22 août 1854, sur le régime financier des établissements d'enseignement supérieur, ont été organisées par l'arrêté ministériel du 10 janvier 1855. Elles sont facultatives pour les étudiants et donnent ouverture à une rétribution de 60 francs pour l'année entière. A Nancy, le nombre des étudiants qui s'y font inscrire chaque année est de cinquante.
(9) Strasbourg possédait en plus une chaire de Droit des gens; — Toulouse, une chaire d'Histoire du droit et une chaire spéciale de Droit criminel.

au Doctorat, un enseignement complémentaire des études juridiques de toutes les années.

L'*Économie politique*, qui n'avait encore de chaire qu'à Paris, put être enseignée dès la première année, grâce au concours désintéressé d'un homme de bien, dont de nombreux et importants travaux avaient marqué la place dans le monde des sciences et des lettres [1]. Le cours de M. Alexandre DE METZ-NOBLAT [2] attirait un auditoire nombreux et éclairé, qui appréciait vivement son vaste savoir, sa parole élégante et facile. Son *Analyse des phénomènes économiques* [3] avait préparé son enseignement; son livre des *Lois économiques* [4] nous en a conservé la substance.

Lorsque sa santé chancelante l'obligea à descendre de sa chaire, M. DE METZ-NOBLAT exprima le désir de voir son œuvre continuée après lui, et consolidée par une institution permanente. La Faculté demandait de plus, pour les études du Doctorat, des cours similaires à ceux de Paris [5]; ils manquaient encore à la province; les règlements universitaires prétendaient en vain y suppléer par l'obligation illusoire imposée aux étudiants de quatrième année de retourner à quelques-uns des cours de la Licence. L'initiative de la Faculté reçut de la part du Conseil académique l'accueil le plus favorable [6]; le Conseil municipal s'y associa avec un libéral empressement, par l'allocation d'une indemnité annuelle pour les titulaires des cinq cours dont l'institution

(1) La liste des principales publications de M. A. DE METZ-NOBLAT a été imprimée dans le *Recueil des Mémoires de l'Académie de Stanislas*, 1870 et 1871, cxxiiᵉ année, 4ᵉ série, tome IV, page ccxiii.

(2) Ce cours a été autorisé pour l'année 1864-1865, par arrêté du Ministre de l'Instruction publique, du premier décembre 1864; et, pour l'année suivante, par arrêté du 15 décembre 1865.

(3) *Analyse des phénomènes économiques* (sans nom d'auteur). Nancy et Paris, 1853. 2 vol. in-8º.

(4) *Les Lois économiques*. — Résumé du cours d'Économie politique fait à la Faculté de Droit de Nancy en 1865-1866, par A. DE METZ-NOBLAT. Paris, Guillaumin et Cⁱᵉ, 1867. 1 vol. in-8º. — Une seconde édition a été donnée, en 1880, par les soins de M. Antoine de Metz-Noblat, son fils.

(5) Délibération de la Faculté, du 12 juin 1866.

(6) Délibérations du Conseil académique des 27 juin et 23 novembre 1866.

était demandée ([^1]). Trois d'entre eux furent en effet institués sans retard ([^2]), et confiés, sur la présentation du Conseil académique, aux trois plus anciens professeurs titulaires de la Faculté : le cours de *Droit français étudié dans ses origines féodales et coutumières*, à M. JALABERT; le cours d'*Histoire du Droit romain et du Droit français*, à M. ARNAULT DE LA MÉNARDIÈRE ; le cours de *Droit des gens*, à M. LOMBARD ([^3]). Les deux premiers échangeaient plus tard leurs enseignements ([^4]), et chacun d'eux, au moment de laisser son cours, avait pour successeur un autre titulaire, désigné de même par l'ancienneté de ses services. M. DE LA MÉNARDIÈRE était remplacé par M. VAUGEOIS ([^5]), et celui-ci, par M. LEDERLIN ([^6]); M. JALABERT, par M. BLONDEL ([^7]).

Le cours complémentaire d'*Économie politique* ne fut créé que l'année suivante ([^8]), et confié à M. LIÉGEOIS ([^9]) : mais l'enseignement n'en subit pas d'interruption, grâce aux conférences que M. LIÉGEOIS avait bien voulu offrir à la Faculté, après la retraite de M. DE METZ-NOBLAT.

L'institution du cours d'*Enregistrement* devait être différée encore.

Enfin, pour que rien ne fût omis de ce qui pouvait développer l'instruction des élèves et préparer leur avenir, une *Conférence d'agrégation* était ouverte, en 1868, aux jeunes docteurs et aux aspirants au Doctorat; ils s'y exerçaient à faire des leçons et des argumentations, et se formaient ainsi aux sérieuses et difficiles épreuves des concours. M. JALA-

[^1]: Délibération du Conseil municipal de Nancy, du 5 décembre 1866.
[^2]: Arrêté du 19 janvier 1867. Ces cours furent ouverts dès le 15 février 1867.
[^3]: Arrêté du 19 janvier 1867.
[^4]: Arrêté du 2 novembre 1868.
[^5]: Arrêté du 27 janvier 1870.
[^6]: Arrêté du 25 novembre 1875.
[^7]: Arrêté du 31 octobre 1878. — Un arrêté subséquent, du 16 janvier 1880, a chargé M. BLONDEL du cours de *Droit constitutionnel,* et a confié à M. DUBOIS, sur sa demande, le cours d'*Histoire du Droit romain et du Droit français.*
[^8]: Arrêté du 21 avril 1868.
[^9]: Arrêté du 22 avril 1868.

BERT présidait lui-même ces exercices hebdomadaires, prodiguant à ses disciples, avec autant de fermeté que de bienveillance, ses directions, ses conseils, ses encouragements; les agrégés l'assistaient, avec un zèle qui ne s'est pas démenti un instant, et une compétence incontestable.

En 1870, la Faculté avait accompli par deux fois le cycle de l'enseignement triennal de la Licence. De 106 qu'il était à l'origine, le nombre moyen de ses inscriptions trimestrielles s'était successivement élevé jusqu'à 180. Chacune des trois années de Licence comptait une moyenne de cinquante étudiants. Les cours et les conférences étaient suivis avec assiduité. Les examens ne donnaient lieu qu'à une faible proportion d'ajournements. Les concours entretenaient une vive et salutaire émulation. Le Doctorat était ardemment recherché; 28 élèves y aspiraient en 1870; ce nombre devait s'élever encore, et atteindre une moyenne à peu près constante de 40 par an. Dans la même année scolaire (1868-1869), trois élèves de Nancy, MM. Jules GARNIER, ORY et VAINKER, obtenaient au concours général des onze Facultés de Droit de France, un second prix et deux mentions honorables. Un de ses docteurs, M. BLONDEL, la représentait de la manière la plus honorable au concours d'agrégation.

Cependant de graves et douloureux événements se préparaient, dont la Faculté devait ressentir vivement le contrecoup. Les concours de 1870 n'attirèrent que peu d'élèves; le nombre des examens subit aussi, dans les sessions de juillet et d'août, une diminution sensible, que n'expliquaient que trop les sérieuses préoccupations du pays. La continuation de la lutte et l'invasion obligèrent de différer jusqu'en avril 1871 la réouverture des cours.

La défense nationale ne laissait point de place pour aucune autre préoccupation. Les trois agrégés de la Faculté, et cent onze de ses élèves répondaient à l'appel de la patrie, ou le prévenaient, en s'engageant volontairement à son service. Sans parler des avancements mérités par un grand nombre d'entre eux, six mentions honorables ou citations à l'ordre du jour (¹), trois médailles militaires (²), un égal nombre de croix de la Légion d'honneur (³), attestent leur dévouement et leur belle conduite devant l'ennemi. Deux sont morts au champ d'honneur (⁴); quatre ont succombé à de graves blessures, ou à des maladies contractées pendant la guerre (⁵). La Faculté leur a payé, par l'organe de son Doyen, en présence de ses élèves assemblés avant la reprise des cours, un juste et touchant tribut d'hommages et de regrets (⁶); elle conserve

(1) Ont été cités à l'ordre du jour : MM. *Ballazard* (Edmond-Paulin), sous-lieutenant de la garde mobile à Verdun; — *Bastien* (Paul-Charles-Marie), engagé volontaire dans le 5ᵉ régiment de chasseurs à cheval (deux citations pour sa conduite à Verdun).
Ont été mentionnés honorablement : pour sa conduite au siége de Toul, M. *Pierron* (Lucien-Marie-François), lieutenant d'artillerie dans la garde mobile de la Meurthe, blessé au bras droit d'un éclat d'obus; — M. *de Godailh* (Jean-François-Géry-Paul-Henri), lieutenant, puis capitaine de la garde mobile de Lot-et-Garonne (plusieurs mentions honorables).

(2) Ont été décorés de la médaille militaire : MM. *de Lallemand de Mont* (Pierre), sergent-major dans la garde mobile de la Meurthe; — *Bastien* (Paul-Charles-Marie), engagé volontaire dans le 5ᵉ régiment de chasseurs à cheval, deux fois porté à l'ordre du jour; — *André* (Albert-Louis), artilleur dans la garde mobile de la Meurthe, à Toul.

(3) Ont été nommés chevaliers de la Légion d'honneur : MM. *Élie* (Jacques-Joseph-Edmond), officier démissionnaire, a repris du service; capitaine au 56ᵉ régiment provisoire; combats d'avant-postes aux environs de Langres; blessé d'une balle à la jambe; — *Besson* (Paul-Alexandre); a pris part, comme officier d'artillerie, à la défense de Paris, et au combat de Châtillon; — second siége de Paris; — *Jobard* (Alexis-Pierre), engagé volontaire dans la garde mobile de la Haute-Saône, puis officier au 45ᵉ de ligne; engagements autour de Belfort.

(4) Sont morts au champ d'honneur : MM. *de Plas* (Jean-François-Henri), engagé dans les zouaves de la garde; 30 novembre 1870, attaque du parc de Villiers-sur-Marne. — *Delang* (Joseph-Charles), sous-lieutenant dans la garde mobile des Vosges: Cussey, le 22 octobre 1870.

(5) Sont morts des suites de leurs blessures ou de maladies contractées pendant la guerre : MM. *Bastien* (Paul-Charles-Marie), engagé volontaire dans le 5ᵉ régiment de chasseurs à cheval, deux fois cité à l'ordre du jour, décoré de la médaille militaire; — *Zaepffel* (Hubert-Edgard-Charles-Marie), soldat dans la garde mobile de la Meurthe, attaché au général Ladreit de la Charrière; — *Klotz* (Henri), maréchal des logis dans l'artillerie de la garde mobile de la Meurthe; — *Thomas* (Hector-Félicien-Amédée), engagé volontaire au 7ᵉ régiment de chasseurs à cheval, puis maréchal des logis.

(6) Réunion préliminaire des professeurs et des élèves, tenue le 17 avril 1871, avant la réouverture des cours : allocution de M. le Doyen JALABERT (*Annales de la Faculté de Droit de Nancy*, pages 95-106).

pieusement dans ses *Annales* les noms et les états de services de tous ceux qui ont pris part à la défense nationale (¹).

Un intervalle de trois mois à peine séparait la reprise des cours de l'époque habituelle de leur clôture ; les professeurs réussirent pourtant, en s'imposant de nombreuses leçons supplémentaires, à remplir la partie la plus importante des programmes de leurs enseignements ; ils voyaient aussi revenir aux examens un nombre d'élèves, inférieur sans doute à celui d'une année normale, plus grand toutefois qu'on eût osé espérer en des temps aussi troublés, et qui devait s'accroître encore l'année suivante (²).

Les professeurs de la Faculté de Nancy reprenaient ainsi leurs travaux avec une ardeur nouvelle, et un sentiment plus profond que jamais de ce qu'ils devaient à la patrie. Mais les désastres de la France avaient laissé au cœur de chacun d'eux une amère douleur. A l'Est des Vosges, au Nord de la Seille, deux provinces profondément françaises étaient retenues sous la domination étrangère. Au milieu d'elles, une Faculté française, qu'avaient illustrée de savants professeurs et d'éminents écrivains, et qui avait formé au culte du droit et de la justice de nombreuses générations d'étudiants, avait interrompu son enseignement. Le patriotisme de nos collègues de Nancy se refusait à croire à une séparation définitive, à admettre qu'une École dont la France s'était honorée à juste titre, pût être fermée sans retour; il aspirait à lui rendre une vie nouvelle, en lui assurant sur une terre française, jusqu'à des temps meilleurs, une hospitalité digne de son passé, et qui eût réservé son avenir. Si leurs vœux avaient pu être exaucés, les deux Facultés de la Lorraine et

---

(1) Liste des étudiants de la Faculté de Droit de Nancy qui ont pris part à la défense nationale, août 1870-janvier 1871 (*Annales de la Faculté de Droit de Nancy*, pages 125-140).

(2) Le nombre des examens subis du mois d'avril au mois d'août 1871 a été de 196 ; ce nombre s'est élevé à 319, en 1871-1872. La moyenne annuelle de 1864 à 1879 est de 226.

de l'Alsace auraient formé ensemble, à Nancy, en face de
l'étranger, une grande et forte École, dans le sein de laquelle
chacun des professeurs de Strasbourg aurait retrouvé ses
disciples, sa chaire d'enseignement, son rang d'ancienneté [1].

Cependant d'autres Facultés, Grenoble, Poitiers, Bordeaux,
ouvraient leurs rangs à trois des membres de l'École de
Strasbourg [2] ; deux d'entre eux se rapprochaient ainsi de
leur pays natal ; un siége à la Cour de cassation attendait son
savant Doyen [3]. Restaient MM. HEIMBURGER, DESTRAIS
et LEDERLIN : ils devaient appartenir, à des titres divers, à la
Faculté de Nancy.

Ce dernier y fut délégué provisoirement par une décision
ministérielle du 14 juillet 1871 ; il se rendit avec empressement à un appel, auquel l'initiative de ses collègues de Nancy
et de leur sympathique et excellent Doyen ajoutait pour lui
une douceur particulière. Il était loin de s'attendre à l'honneur que leur courtoise confraternité lui réservait, en exigeant
avec la plus affectueuse insistance qu'il prît rang parmi eux
du jour de sa nomination à Strasbourg. Il retrouvait en eux
une famille unie et solidaire, qui comprenait ses tristesses, et
dont il allait à son tour partager l'existence et les sentiments.
Quelques mois après, la chaire qu'il avait occupée à Strasbourg fut transférée à Nancy, et il en reçut à nouveau l'in-
vestiture [4].

(1) Délibération de la Faculté de Droit de Nancy, du 17 mars 1871.
(2) Par décret du 10 février 1871, M. LAMACHE, professeur de Droit administratif à la Faculté de Droit de Strasbourg, chevalier de la Légion d'honneur, a
été nommé professeur de Droit civil à la Faculté de Droit de Bordeaux ; par
un autre décret, du 9 juin suivant, M. LAMACHE a été nommé professeur de
Droit administratif à la Faculté de Grenoble.
Par décret du 15 avril 1871, M. LECOURTOIS, professeur de Droit commercial à
la Faculté de Strasbourg, a été nommé professeur de Droit civil à la Faculté
de Poitiers.
Par arrêté du 11 avril 1871, M. LANUSSE, agrégé à la Faculté de Droit de Strasbourg, a été attaché en la même qualité à la Faculté de Bordeaux.
(3) Par décret du 5 mars 1872, M. AUBRY, professeur de Code civil et Doyen
de la Faculté de Droit de Strasbourg, l'un des auteurs du *Cours de Droit civil
français* d'après la méthode de Zachariæ, officier de la Légion d'honneur, a été
nommé conseiller à la Cour de cassation.
(4) Décret du 10 décembre 1871. — Avant sa nomination à Nancy, M. LEDERLIN
avait été, d'abord, suppléant provisoire à la Faculté de Droit de Strasbourg

M. Destrais était, depuis 1845, membre de la Faculté de Droit de Strasbourg (¹). Il y avait donné, pendant dix ans, en qualité de professeur suppléant, des cours d'Histoire générale du Droit français, d'Introduction générale à l'étude du Droit, de Philosophie du Droit, et de Droit des Gens; depuis 1852, il y avait professé, comme suppléant d'abord, puis comme titulaire, la Procédure civile et la Législation criminelle. Ce double enseignement, où les spéculations de la philosophie, l'interprétation des textes législatifs, les données et les besoins de la pratique appellent tour à tour l'attention du professeur et exigent de lui des aptitudes diverses et souvent malaisées à concilier, l'avait séduit par sa variété même et ses difficultés, sans le détacher de l'étude de nos lois civiles, et surtout des lois romaines, objet de ses premières préférences. Par l'étendue et la sûreté de son érudition, par la distinction de son esprit, par les qualités de son cœur, il aurait honoré notre École, si son religieux attachement à un passé plein de vivants souvenirs ne lui avait pas interdit de s'éloigner de la demeure de ses pères, du berceau de son enfance. Une nomination qui l'appelait à Nancy (²), dans son ancienne chaire d'enseignement (³), de-

(arrêté du 9 janvier 1857), à la suite du concours ouvert à Paris, le 2 décembre 1856; — puis, le 2 février 1859, agrégé des Facultés de Droit; — le 12 février 1859, attaché en cette qualité à la Faculté de Strasbourg; — le 10 mars 1859, chargé du cours de Droit romain (2e chaire) à la même Faculté; — le 6 juillet 1863, professeur titulaire de ladite chaire.

(1) M. Destrais (Jean-Charles-Édouard), né le 24 juin 1811, à Strasbourg, y fut reçu Docteur en Droit, le 27 novembre 1839; par arrêté ministériel du 30 septembre 1845, il fut institué professeur suppléant à la Faculté de Droit de Strasbourg, à la suite du concours ouvert dans cette Faculté et de la décision du Jury de concours, du 21 août 1845. Il y a donné, comme professeur suppléant, les cours suivants : 1845-1846; 1847-1848 : Histoire générale du Droit français; — 1846-1847, 1848-1849, 1849-1850 et 1850-1851 : Introduction générale à l'étude du Droit et Philosophie du Droit; — 1848-1849 : suppléance du cours de Droit des Gens; — janvier 1852 à juillet 1856, suppléance de la chaire de Procédure civile et de Législation criminelle. Par décret du 7 juillet 1855, il fut nommé professeur titulaire de cette chaire.

(2) Décret du 15 février 1872, nommant M. Destrais professeur de Procédure civile et de Législation criminelle à la Faculté de Droit de Nancy.

(3) Décret du 10 décembre 1871, transférant à la Faculté de Droit de Nancy la chaire de Procédure civile et de Législation criminelle de la Faculté de Droit de Strasbourg.

meura sans effet, et nous avons dû nous résigner à ne voir
subsister entre lui et nous d'autre lien officiel que celui de
l'honorariat (¹). Je sais quel prix il attachait à ce titre, que
nous avions été heureux, en dernière analyse, de demander
pour lui. Il avait été vivement touché aussi de la sympathie
que lui marquaient ses collègues de Nancy, de l'affectueux
et persistant empressement de leur Doyen, M. Jalabert, à lui
porter l'expression de leurs vœux unanimes de le voir se
fixer au milieu d'eux. Si, après une longue hésitation, il avait
cru ne pouvoir céder à d'aussi pressants appels, il restait de
cœur avec nous et avec la France qui, même absente, était
toujours pour lui la patrie; il suivait nos travaux avec un
vivant intérêt, et, dans ses derniers moments encore (²), une
de ses pensées les plus chères était pour notre Faculté; il
dédiait à M. Jalabert, son digne chef, un livre qu'il avait eu
le bonheur d'achever, et dans lequel il a consigné le fruit
de longues et patientes études sur la *Propriété et les Droits
réels*, dans le Droit romain. M. Jalabert et, avec lui, les
professeurs de Droit romain de la Faculté de Nancy se féli-
citent d'avoir été appelés à diriger la publication de cette
œuvre importante, qui fait honneur à la science française.

Élu du concours de 1829, M. HEIMBURGER avait consacré
quarante-deux ans de sa vie aux fonctions du professorat (³).
Dans sa verte vieillesse, il n'aurait point encore aspiré au
repos, si, pour rester dans la carrière, il ne lui avait fallu
s'imposer une expatriation impossible à son âge. Admis à la
retraite sur sa demande (⁴), il était en même temps nommé pro-

---

(1) Décret du 15 juin 1872, nommant M. DESTRAIS professeur honoraire des
Facultés de Droit.

(2) M. DESTRAIS est mort à Strasbourg, le 8 avril 1875.

(3) Par arrêté du Ministre secrétaire d'État au département des Affaires ec-
clésiastiques et de l'Instruction publique, Grand-Maître de l'Université, en date
du 2 février 1830, M. HEIMBURGER (Philippe) a été institué professeur de Droit
romain dans la Faculté de Droit de Strasbourg, à la suite du concours ouvert
dans cette Faculté, le 15 novembre 1829, et de la décision du Jury, du 15 janvier 1830.

(4) Décret du 17 janvier 1872.

fesseur honoraire des Facultés de Droit de France (¹). Notre sentiment était d'accord avec le sien pour désirer qu'il nous fût uni par un lien plus spécial ; notre prière a été accueillie par le décret du 10 juin 1875, qui lui confère le titre de professeur honoraire de la Faculté de Droit de Nancy. Jeune encore et par la date de son institution et par les hommes qui la composaient, notre École a été heureuse et fière de recevoir dans son sein un vétéran des concours et de l'enseignement ; lui-même se réjouissait de se rattacher de nouveau à une famille universitaire spéciale : « il s'est senti ému et rajeuni par les témoignages d'affectueuse vénération dont elle n'a cessé de l'entourer (²). » M. Jalabert se faisait justement honneur de réclamer pour ses longs services dans l'instruction publique, et pour son dévouement dans l'exercice des fonctions municipales, à Strasbourg, en 1848, une plus haute récompense, trop longtemps différée : tous nous avons partagé la joie reconnaissante du digne vieillard, lorsque sa nomination dans la Légion d'honneur (³) est venue le surprendre dans sa retraite et lui montrer qu'il n'était point oublié.

La délégation provisoire donnée à M. LEDERLIN, en juillet 1871, ne lui avait attribué aucun enseignement spécial ; mais, dès la rentrée, il fut appelé par la confiance de ses collègues à ouvrir pour les aspirants au Doctorat un cours de *Pandectes* ou de *Droit romain approfondi* : ce cours ne tarda pas à recevoir une institution permanente.

Un autre progrès, réclamé depuis longtemps, et qui n'avait encore été réalisé qu'à Paris et à Toulouse, devenait possible grâce à l'institution d'une seconde chaire de Procédure civile

(1) Décret du 7 mars 1872.

(2) Paroles de M. Jalabert : Rapport sur les travaux de la Faculté pendant l'année scolaire 1874-1875.

(3) Par décret du 9 août 1877, M. HEIMBURGER a été nommé chevalier de la Légion d'honneur.

et de Législation criminelle : une décision subséquente la transforma en une chaire spéciale de *Droit criminel,* tandis que, des deux enseignements jusque-là réunis, la chaire créée en 1864 ne conservait que celui de la *Procédure civile* (¹).

Un jeune agrégé plein d'avenir, M. VILLEY, fut chargé d'enseigner le *Droit criminel* (²) : il a reproduit dans un livre justement estimé (³) la substance des leçons qu'il a professées pendant trois ans avec autant de science que de distinction. Transféré à Caen auprès de ses anciens maîtres (⁴), il a été remplacé par un de nos plus chers disciples, M. Paul LOM-BARD (⁵) qui, lui aussi, nous donnait les plus belles espérances et a largement tenu toutes ses promesses. Un autre agrégé, que nous nous honorons de même d'avoir formé, M. GAR-DEIL, continue aujourd'hui cet enseignement avec talent et succès (⁶).

La suppléance de la chaire de *Procédure civile* a été confiée successivement à trois de nos agrégés, MM. BLONDEL (⁷), BINET (⁸) et ORTLIEB (⁹) ; ce dernier en a été nommé titulaire (¹⁰), après trois années d'un enseignement aussi remarquable par la vigueur et la distinction de son esprit que par sa méthode sévère et sa grande lucidité d'exposition. Une mort prématurée devait nous séparer, hélas ! de ce jeune et excellent professeur, que ses rares qualités avaient fait également apprécier de ses collègues et de ses élèves, et dont le

(1) Décret du 15 septembre 1872.

(2) M. VILLEY a obtenu en 1872 le second rang au concours d'agrégation. Par trois arrêtés des 16 mai, 14 juin et 6 novembre 1872, il a été institué agrégé, attaché en cette qualité à la Faculté de Droit de Nancy, et chargé du cours de *Droit criminel.*

(3) *Précis d'un Cours de Droit criminel,* par Edmond VILLEY, professeur agrégé à la Faculté de Droit de Caen. Paris, 1877. 1 vol. in-8°.

(4) Arrêté du 22 juillet 1875.

(5) Il en a été chargé par arrêté ministériel du 25 novembre 1875.

(6) Par arrêté du 16 janvier 1880, M. GARDEIL a été chargé du cours de *Droit criminel.*

(7) Arrêté du 6 novembre 1872.

(8) Arrêté du 12 novembre 1878.

(9) Arrêté du 25 novembre 1875.

(10) Décret du 20 juillet 1878.

Barreau et la Magistrature ont vivement aussi regretté la perte(¹). Le poste qu'il laissait vacant était difficile à remplir; nous l'avons remis avec confiance à un de ses meilleurs élèves, qui a pleinement répondu à notre attente, M. CHAVEGRIN (²).

Ce nom évoque pour nous le souvenir de la série des succès remportés par les élèves de la Faculté aux concours d'agrégation, et que M. CHAVEGRIN continue avec éclat. En 1872, M. BLONDEL (³); — en 1873, MM. BINET et ORTLIEB (⁴); — en 1874, M. Paul LOMBARD (⁵), et avec lui M. Jules GARNIER, que nous avons dû momentanément céder à la Faculté de Rennes (⁶); — en 1875, M. FLURER, successivement attaché à la Faculté de Dijon et à celle de Lyon, qui l'a retenu, à l'âge de 26 ans à peine, dans une de ses chaires (⁷); — en 1876, M. MAY, que la Faculté de Douai avait réclamé d'abord pour un de ses enseignements (⁸); — en 1879, enfin, M. CHAVE-

(1) M. ORTLIEB est décédé le 28 juin 1879, à l'âge de 31 ans. Les *Allocutions et discours prononcés à l'occasion de la mort de M. Ortlieb* ont été réunis et publiés par les soins de la Faculté. Brochure in-8°, Berger-Levrault et Cⁱᵉ, Nancy, 1879.

(2) Arrêté du 9 octobre 1879, chargeant M. CHAVEGRIN du cours de *Procédure civile*.

(3) Institué agrégé par arrêté du 16 mai 1872; attaché à la Faculté de Droit de Nancy par arrêté du 14 juin suivant.

(4) Institués agrégés le 27 mai 1873, MM. BINET et ORTLIEB ont été, par arrêté du 30 juin suivant, attachés à la Faculté de Nancy.

(5) Institué agrégé le 12 mai 1874, attaché à la Faculté de Nancy par arrêté du 1ᵉʳ juin suivant.

(6) M. GARNIER, institué agrégé le 12 mai 1874, a été, par arrêté du 1ᵉʳ juin 1874, attaché à la Faculté de Rennes, et, par arrêté du 22 juillet 1875, à celle de Nancy.

(7) M. FLURER, né à Saar-Union (Bas-Rhin), le 27 février 1853, a pris part au concours de 1875, avec dispense d'âge; institué agrégé le 15 juin 1875, il a été attaché à la Faculté de Dijon, par arrêté du 22 juillet suivant; puis, par arrêté du 4 novembre 1876, à celle de Lyon, où il fut en même temps chargé du cours de Droit industriel. Par décret du 5 août 1879, il a été nommé professeur de Droit romain à la même Faculté; un autre décret, du 20 novembre 1879, l'a transféré, sur sa demande, dans une chaire de Code civil.

(8) M. MAY a été institué agrégé le 23 octobre 1876; le 4 novembre suivant, il a été attaché à la Faculté de Douai et chargé du cours de Procédure civile, dans lequel il avait été délégué dès le 31 mars de la même année. Un arrêté du 3 août 1877 l'a attaché à la Faculté de Nancy.

GRIN ([1]), élu au premier rang ; M. GARDEIL ([2]), M. BEAUCHET,
qui nous revient aujourd'hui de Dijon ([3]) : telle est la liste
déjà longue, et que j'aime à répéter, de ceux qui, par un
travail persévérant et bien dirigé, joint à d'heureuses qualités
naturelles, ont mérité de devenir maîtres à leur tour.

Les dix premières années d'existence de la Faculté limi-
taient les engagements pécuniaires que la Ville de Nancy
s'était imposés pour le cas où ses dépenses annuelles excéde-
raient ses recettes. Il était démontré désormais que l'institution de la Faculté répondait à de légitimes et patriotiques
nécessités, et qu'elle trouverait en elle-même et autour d'elle,
dans l'avenir comme dans le passé, tous les éléments de sa
prospérité. Elle pouvait compter sur une population normale
de deux cents étudiants, que lui envoyaient les départements
de l'ancienne Lorraine, quelques-uns de nos autres départements, et nos anciennes provinces, toujours reconnaissantes
des bienfaits de notre civilisation ([4]). Les agrégés qu'elle
avait formés constituaient, dès 1874, la moitié de son per-
sonnel enseignant ; elle était assurée que l'élite de ses docteurs lui amènerait encore de savants et utiles collabora-
teurs. Dans ces circonstances, l'État reprenait la Faculté à
sa charge, avec les neuf chaires officielles qu'elle tenait de
son institution primitive et des accroissements survenus en
1871 ([5]). Il lui assurait de plus, avec le concours de la Ville,

(1-2) Institués agrégés le 25 juillet 1879 ; attachés à la Faculté de Nancy par
arrêté du 8 août suivant.

(3) Institué agrégé le 25 juillet 1879, attaché à la Faculté de Dijon par arrêté du 8 août suivant, et à celle de Nancy, par arrêté du 21 juillet 1880, pour
y prendre rang à dater du 1er novembre suivant.

(4) Sur une moyenne de 200 étudiants ayant pris des inscriptions ou passé
des examens, 140 à 150 appartiennent aux départements du ressort académique, 30 à d'autres départements, à l'Algérie et aux colonies, 28 aux provinces
cédées à l'Allemagne par le traité de 1871, 2 aux pays étrangers. Dans ces nom-
bres, Nancy et le département de la Meurthe (depuis 1871, Meurthe-et-Moselle)
figurent pour 90 à 100 étudiants, les Vosges pour 30, la Meuse pour 20 environ.
Le département de la Moselle en a fourni 15 par an, de 1864 à 1870 ; l'Alsace-
Lorraine en a envoyé 51 en 1870-1871 ; 60 en 1871-1872 ; 53 en 1872-1873.

(5) Décret du 25 septembre 1874, concernant la Faculté de Droit de Nancy,
art. 1 et 2.

et selon le vœu de son Conseil municipal (¹), le maintien de
ses cinq cours de Doctorat (²). L'œuvre préparée et soutenue
par la généreuse initiative de cette Ville et de cette Province
était donc définitivement assise ; un utile établissement na-
tional d'instruction supérieure était fondé ; son enseignement
était constitué avec une richesse, une ampleur, qu'aucun établissement analogue, en province du moins, n'avait encore
connues, et que, depuis, imitant l'heureux exemple de
Nancy, d'autres villes se sont efforcées d'obtenir à leur tour
pour leurs Facultés de Droit.

Retardée jusque-là, la création d'un de nos enseignements
spéciaux allait devenir un fait accompli. M. DUBOIS fut
chargé du cours complémentaire de *Droit civil approfondi
dans ses rapports avec l'Enregistrement* (³) ; il y a remporté
un vif succès, qui était bien dû à son ardeur infatigable, et
qui témoigne de la haute valeur de son enseignement (⁴).

Deux ans après, une décision de principe rangeait l'*Économie politique* au nombre des enseignements officiels et
obligatoires de toutes les Facultés de Droit (⁵). Un agrégé,
M. Jules GARNIER, la professe parmi nous (⁶), dans le cours
nouveau qui lui a été affecté, en attendant la création de la
chaire appelée de tous nos vœux et aujourd'hui très-pro-
chaine (⁷). Sa connaissance exacte des faits économiques,
éclairée par un esprit sagace et un grand sens pratique, nous
fait apprécier vivement sa collaboration.

L'allocation que la Ville de Nancy avait affectée jusque-là

(1) Délibération du 10 août 1874.
(2) Décret du 25 septembre 1874, art. 3. Arrêté du 16 décembre 1874.
(3) Arrêté du 16 décembre 1874.
(4) M. DUBOIS a ouvert ce cours, le 19 janvier 1875 ; il l'a, depuis, échangé
contre celui d'*Histoire du Droit romain et du Droit français;* M. BINET lui a
succédé dans le cours de *Droit civil approfondi dans ses rapports avec l'Enregistrement.* (Arrêté du 16 janvier 1880.)
(5) Décret du 26 mars 1877, relatif aux examens des étudiants en Droit, art. 2
et 3.
(6) Arrêté du 18 mai 1877.
(7) Le crédit nécessaire pour le traitement de la chaire figure au budget du
Ministère de l'Instruction publique pour 1881, voté par la Chambre des Dépu-
tés en juillet 1880, et soumis actuellement à l'examen du Sénat.

au cours d'*Économie politique* devenait libre dès l'instant où l'État prenait ce cours à sa charge ; en la maintenant à son budget pour un autre enseignement, le Conseil de la Cité nous a donné le moyen d'ouvrir un cours nouveau que Paris seul possédait alors, que Lyon allait créer en même temps que Nancy : celui de *Droit constitutionnel ;* il a été institué dans notre Faculté par arrêté du 19 octobre 1878, et confié à M. JALABERT, dont les savantes et substantielles leçons ont obtenu le plus légitime succès.(1).

C'est ainsi que nous voyions croître d'année en année l'importance de la Faculté, et, avec elle, les devoirs de chacun de ses membres. Les incessants labeurs de l'enseignement universitaire ne les absorbaient pourtant pas tout entiers. Dans des leçons données à nos futurs instituteurs, ou dans des conférences publiques, plusieurs d'entre eux s'efforçaient de vulgariser les notions les plus essentielles de notre droit civil ou administratif, ou de l'économie sociale (2). Tous consacraient la meilleure partie de leurs loisirs à des études spéciales, à des travaux scientifiques ou littéraires, dont quelques-uns ont enrichi la science (3). L'Académie de Stanislas, qui leur a libéralement ouvert ses rangs, conserve dans ses *Mémoires* et dans ses *Comptes rendus annuels* des œuvres importantes de plusieurs d'entre eux. Leur collaboration a contribué à développer l'étude des lois des pays étrangers, par

(1) M. JALABERT a été chargé de ce cours par arrêté du 19 octobre 1878 : il l'a ouvert le 5 mars 1879, et l'a repris au commencement de l'année suivante. M. BLONDEL en est aujourd'hui chargé, en vertu d'un arrêté du 16 janvier 1880.

(2) M. DE LA MÉNARDIÈRE a donné à l'École normale d'Instituteurs de Nancy, de 1865 à 1867, un cours de Législation usuelle : cet enseignement est continué, depuis 1867, par M. DUBOIS. M. LIÉGEOIS professe l'Économie politique à la même École, depuis 1876. Ce professeur a donné aussi, en 1868, à Lunéville, à Toul et à Pont-à-Mousson, des conférences publiques d'économie politique.

(3) Les plus importants de ces travaux sont mentionnés dans le Rapport présenté annuellement par le Doyen sur les travaux de la Faculté ; la liste détaillée des publications des Membres de la Faculté est imprimée, depuis 1875, à la suite de ce Rapport.

les traductions et les analyses qu'elle a fournies à l'*Annuaire
de législation étrangère* et au *Bulletin de la Société de législation comparée*. Quelques-uns ont donné des notes savantes
sur les arrêts de nos cours souveraines, ou fait connaître, dans
des publications spéciales, le mouvement de la jurisprudence
et de la doctrine en Allemagne et en Italie (¹). Les questions
relatives à l'organisation et au développement de l'enseignement supérieur ont été de leur part l'objet d'une attention
particulière. Pendant l'inaction forcée à laquelle les condam-
naient les douloureux événements de 1870-1871, ils se
réunissaient chaque semaine avec leurs collègues des autres
Facultés et de l'École de Médecine et de Pharmacie, pour
discuter ces graves et délicats problèmes : et depuis, ils ont
pris une place considérable dans le groupe nancéien de la
Société pour l'étude des questions d'enseignement supérieur.

A ces travaux, qui ne relevaient en quelque sorte que de
l'initiative individuelle de chacun de ses membres, il con-
vient d'en ajouter d'autres qui constituent pour la Faculté
des œuvres collectives. En 1875, sur un appel du Ministre
de l'Instruction publique, elle a consacré des délibérations
nombreuses et approfondies à l'examen des améliorations que
réclamaient à son sens l'organisation, le régime, l'enseignement, les épreuves des Facultés de Droit. Deux ans aupara-
vant, elle avait entrepris, à la demande du Ministre de la
Justice, une longue et consciencieuse étude sur une grave

(1) Indépendamment des recueils mentionnés au texte, les Membres de
la Faculté de Droit de Nancy ont fait imprimer de nombreux travaux dans
les *Revues* et publications périodiques ci-après indiquées : *Revue critique
de Législation et de Jurisprudence; — Revue historique de Droit français et
étranger; — Revue de Législation ancienne et moderne, française et étrangère;
— Nouvelle Revue historique de Droit français et étranger; — Revue pratique
de Droit français; — Revue générale d'Administration; — Journal du Droit
international privé et de la Jurisprudence comparée; — Répertoire périodique
de l'Enregistrement,* de Garnier; — *Le Contrôleur de l'Enregistrement; — Répertoire de la pratique notariale et des formalités hypothécaires; — La France
judiciaire; —* Sirey, *Recueil général des Lois et des Arrêts ; —* Dalloz, *Jurisprudence générale; Recueil périodique et critique de Jurisprudence, de Législation et de Doctrine;* — le *Journal du Palais; — Revue de Droit international
et de Législation comparée* (Gand et Bruxelles); — *Archivio giuridico* (Bologne,
Rome et Pise); — *Circolo giuridico* (Palerme).

question, soumise au pouvoir législatif, celle des *Droits de l'époux survivant dans la succession de son conjoint prédécédé* (¹).

L'Administration supérieure ne pouvait perdre de vue le persévérant dévouement des Membres de la Faculté à l'accomplissement de tous leurs devoirs. Tandis que les éminents services de son Doyen étaient récompensés par sa nomination dans la Légion d'honneur (²), les distinctions honorifiques dont dispose M. le Ministre de l'Instruction publique ont été accordées successivement aux plus anciens de ses professeurs. MM. LOMBARD, DUBOIS, LIÉGEOIS, ont obtenu d'abord les palmes d'Officier d'Académie, puis celles d'Officier de l'Instruction publique (³). MM. BLONDEL (⁴) et BINET (⁵) ont été nommés Officiers d'Académie. La même distinction a été accordée, pendant leur séjour à Nancy, à MM. ARNAULT DE LA MÉNARDIÈRE (⁶) et VAUGEOIS (⁷). Le titre d'Officier de l'Instruction publique a été conféré à M. LEDERLIN (⁸), qui avait reçu précédemment, à Strasbourg, les palmes d'Officier d'Académie (⁹). M. LACHASSE, docteur en droit, qui remplit

---

(1) Les vues de la Faculté sur cette question ont été rédigées sous la forme d'un projet de loi, et imprimées à la suite d'un rapport qui lui a été présenté par un de ses membres, délégué par elle, et qui en développe les motifs. Voyez : *Observations présentées au nom de la Faculté de Droit de Nancy, sur la proposition de M. Delsol, membre de l'Assemblée nationale, relative aux droits du conjoint survivant, par M. Charles Chobert, agrégé, chargé d'un cours de Code civil à cette Faculté.* Saint-Nicolas et Nancy, 1874, in-4°.

(2) Décret du 22 décembre 1866, nommant M. JALABERT Chevalier de la Légion d'honneur.

(3) M. A. LOMBARD : 16 mars 1870, Officier d'Académie; — 24 août 1878, Officier de l'Instruction publique.

M. DUBOIS : 10 janvier 1872, Officier d'Académie; — 11 janvier 1879, Officier de l'Instruction publique.

M. LIÉGEOIS : 23 janvier 1873, Officier d'Académie; — 6 janvier 1880, Officier de l'Instruction publique.

(4) Arrêté du 11 janvier 1879.

(5) Arrêté du 6 janvier 1880.

(6) Arrêté du 28 décembre 1867.

(7) Arrêté du 23 janvier 1869.

(8) Arrêté du 7 avril 1877.

(9) Arrêté du 15 mars 1869.

depuis 1864 les fonctions de secrétaire-agent comptable de la Faculté, a été nommé Officier d'Académie (¹).

Il aurait convenu peut-être, dans une revue aussi longue, de réserver une place au travail des élèves. Les examens et les concours en constituent la sanction, et nous en donnent la mesure. Mais, comment vous parler d'examens, sans entrer dans un détail de chiffres que la statistique peut se plaire à relever, mais auxquels je n'oserais espérer de donner aucun attrait à vos yeux ? Laissez-moi vous dire seulement que nous avons eu toujours pour nos candidats une ambition assez haute, et que nous avons été, je ne dirai pas toujours, mais le plus souvent satisfaits de leurs efforts ; beaucoup même ne nous ont rien laissé à désirer (²). Les concours forment chaque année l'objet d'un compte rendu spécial ; ils sont devenus entre nos élèves un utile et salutaire moyen d'émulation, les prix en ont été disputés plus d'une fois avec une ardeur qui a augmenté la difficulté du jugement. J'ai dit les succès obtenus par nos élèves au Concours général des Facultés de Droit. J'ai rappelé les noms de ceux de nos docteurs qui ont triomphé dans les concours d'agrégation : s'il est permis d'en rapporter pour une large part l'honneur aux maîtres qui les ont formés, il est juste de reconnaître que ce sont là

(1) Arrêté du 30 décembre 1874.

(2) Le nombre total des examens subis à la Faculté de 1864 à 1879 est de 3,390 ; 2,922, soit 86.194 p. 100, ont été suivis d'admission, et 468, soit 13,805 p. 100, d'ajournement. Ce nombre comprend 371 examens et thèses de Doctorat, dont 285, soit 76.819 p. 100, suivis d'admission, et 86, soit 23.181 p. 100, d'ajournement : l'admission aux épreuves du Doctorat exige que le candidat ait eu trois boules blanches, ce qui explique pourquoi les ajournements y sont plus nombreux qu'aux examens de Licence et de Capacité. Le nombre des admissions prononcées avec unanimité de boules blanches, c'est-à-dire *avec éloge*, a été de 435, dont 86 aux épreuves du Doctorat, et 341 aux examens de Licence, et 8 aux examens de Capacité.

L'assiduité aux cours est constatée par des appels journaliers. La Faculté délibère, à la fin de chaque trimestre, sur les pertes d'inscriptions encourues pour défaut d'assiduité : de 1864 à 1879, le nombre en a été de 1 sur 63 inscriptions ou 1.57 p. 100, en moyenne.

encore des succès dus avant tout au travail persévérant des plus intelligents et des plus laborieux d'entre nos disciples.

Maîtres et élèves, un même sentiment nous unit ; tous nous prenons à tâche d'être, dans les diverses carrières où nos aptitudes nous appellent, d'utiles serviteurs du pays, qui nous compte tous également au nombre de ses enfants. Cette pensée a toujours inspiré les traditions de la Faculté ; nous y persévérerons, fidèles aux exemples de nos aînés, jaloux de veiller comme eux au maintien et à la prospérité de l'œuvre qui nous a été confiée.

Nancy, imprimerie Berger-Levrault et Cⁱᵉ.

NANCY, IMPRIMERIE BERGER-LEVRAULT ET Cie.

www.ingramcontent.com/pod-product-compliance
Lightning Source LLC
Chambersburg PA
CBHW070754210326
41520CB00016B/4695